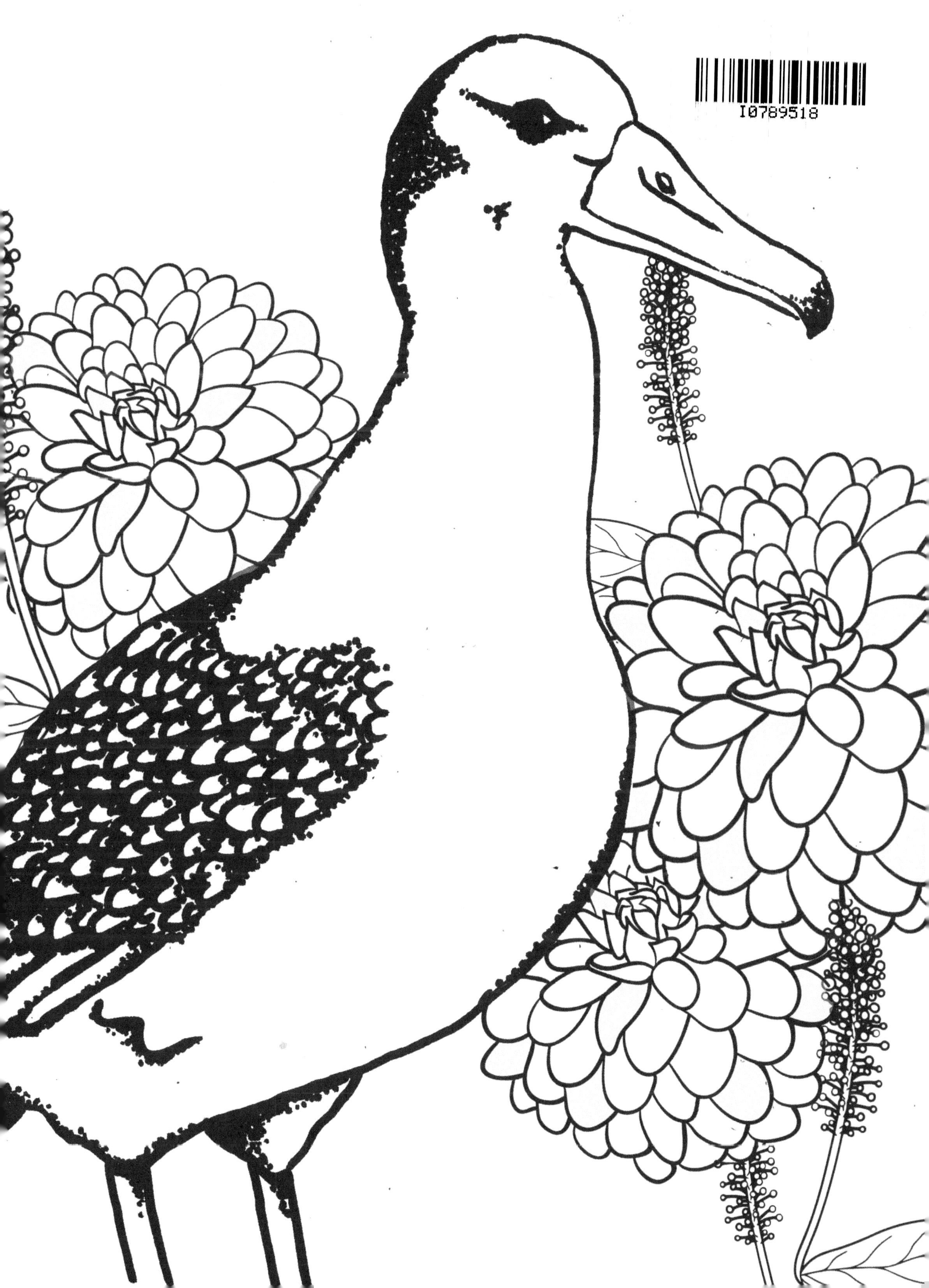
I0789518

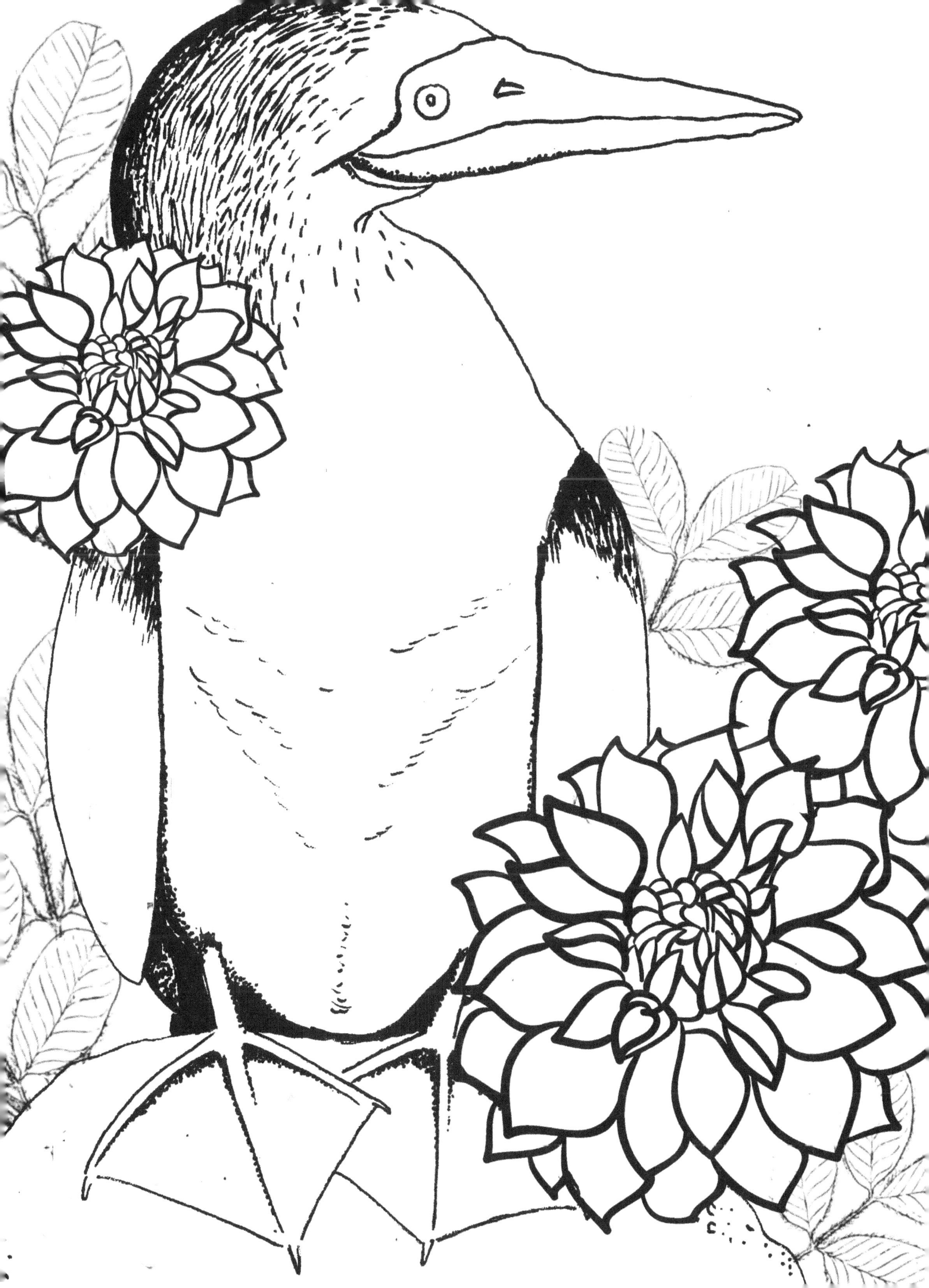

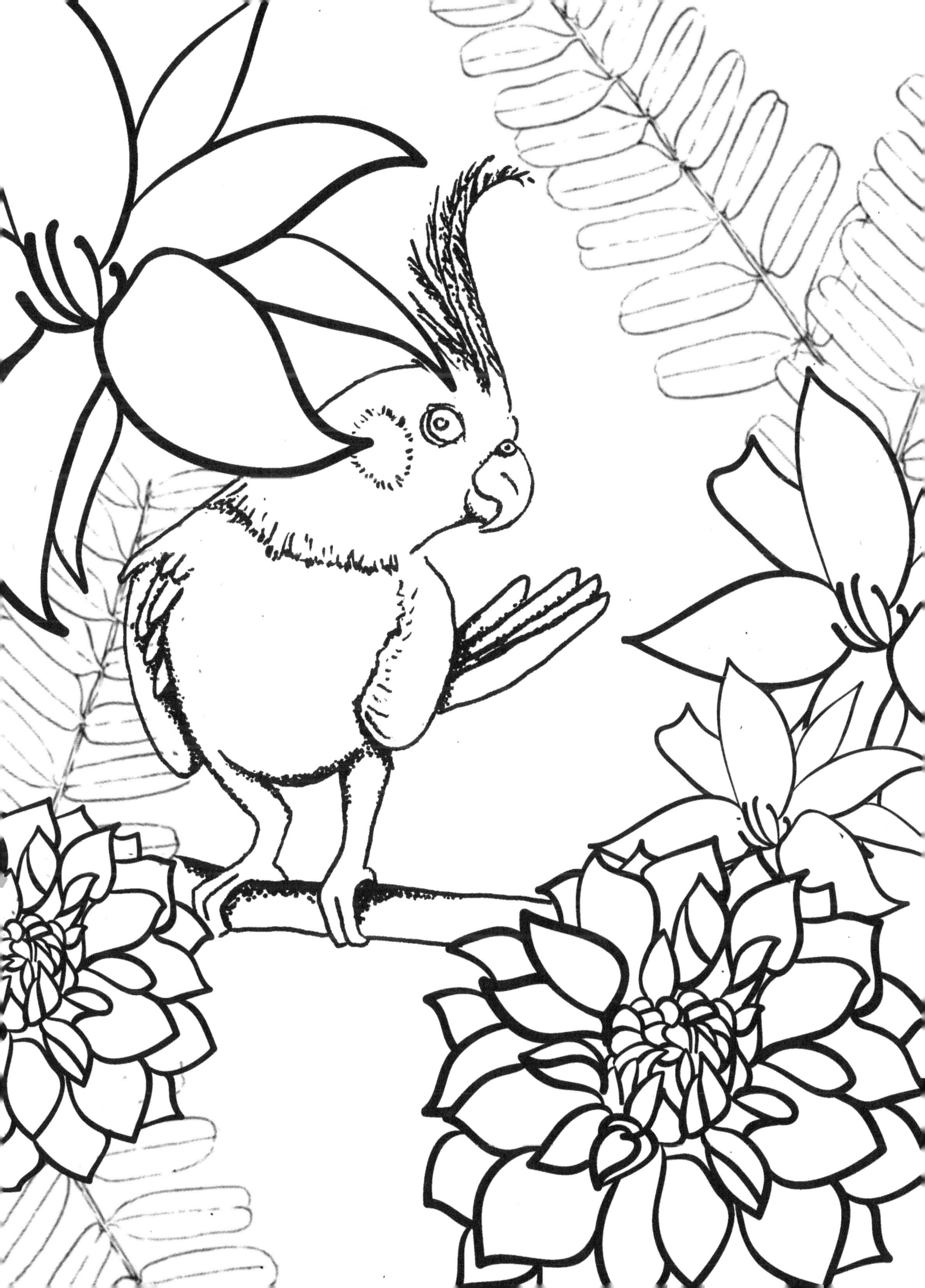

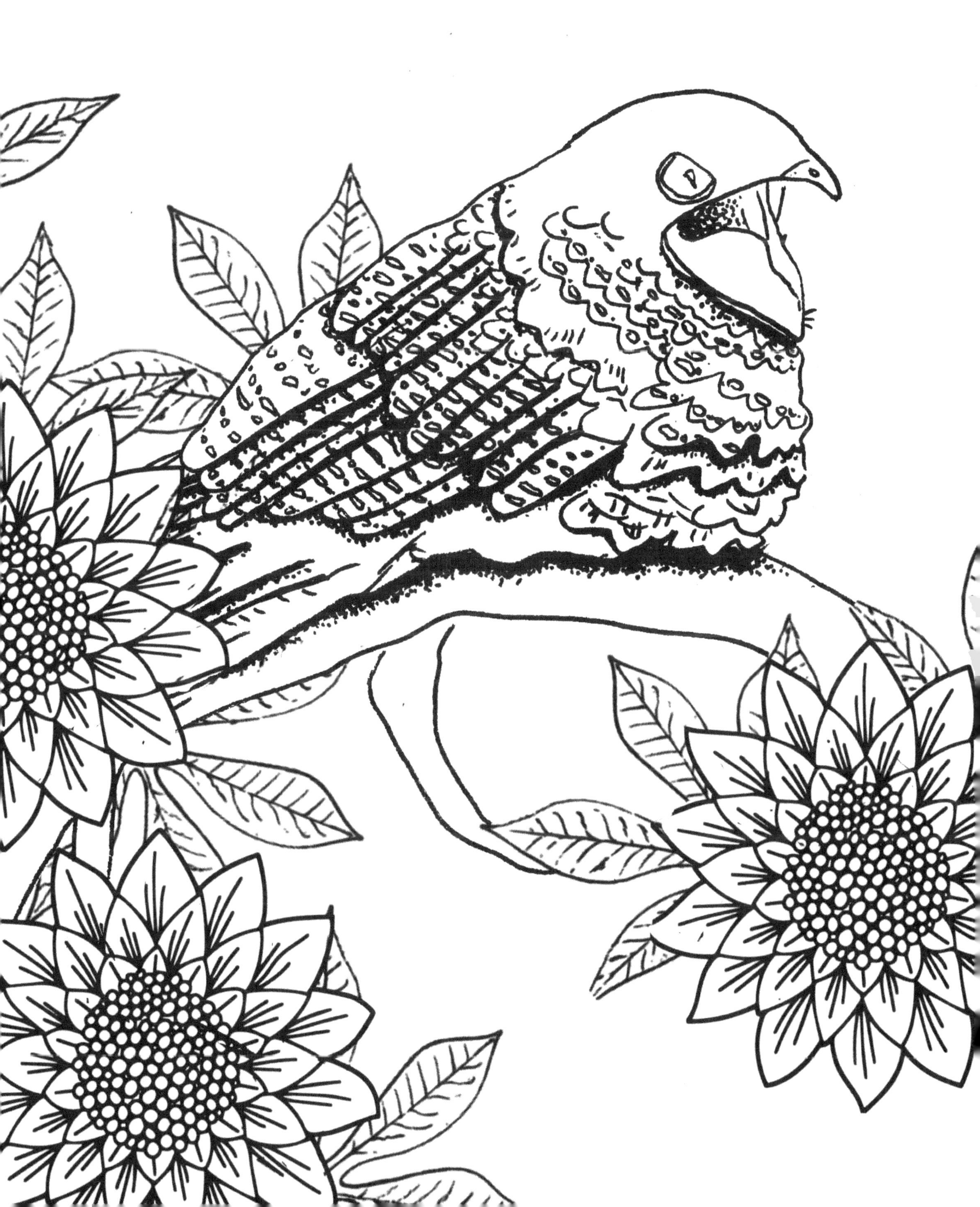

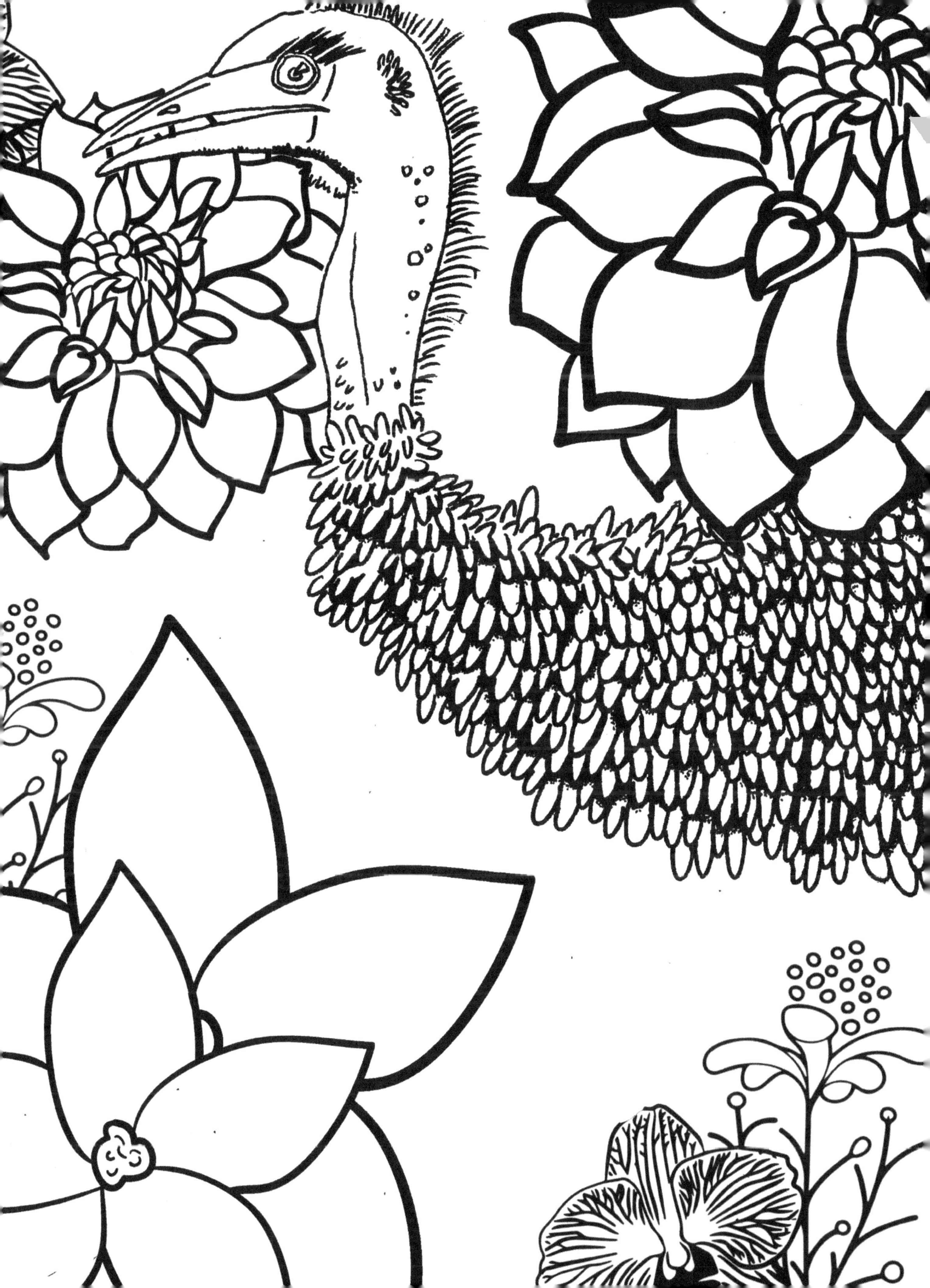

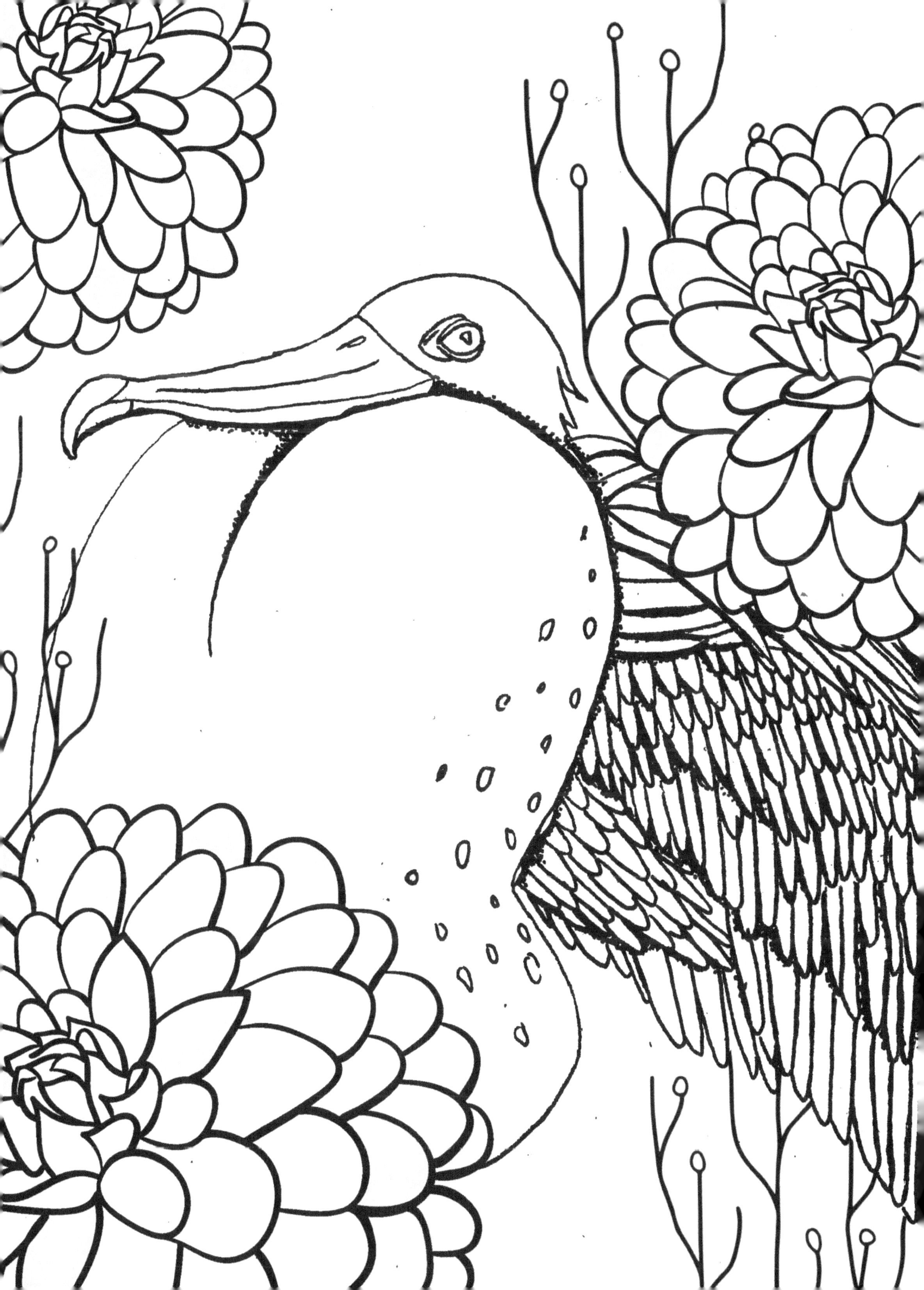

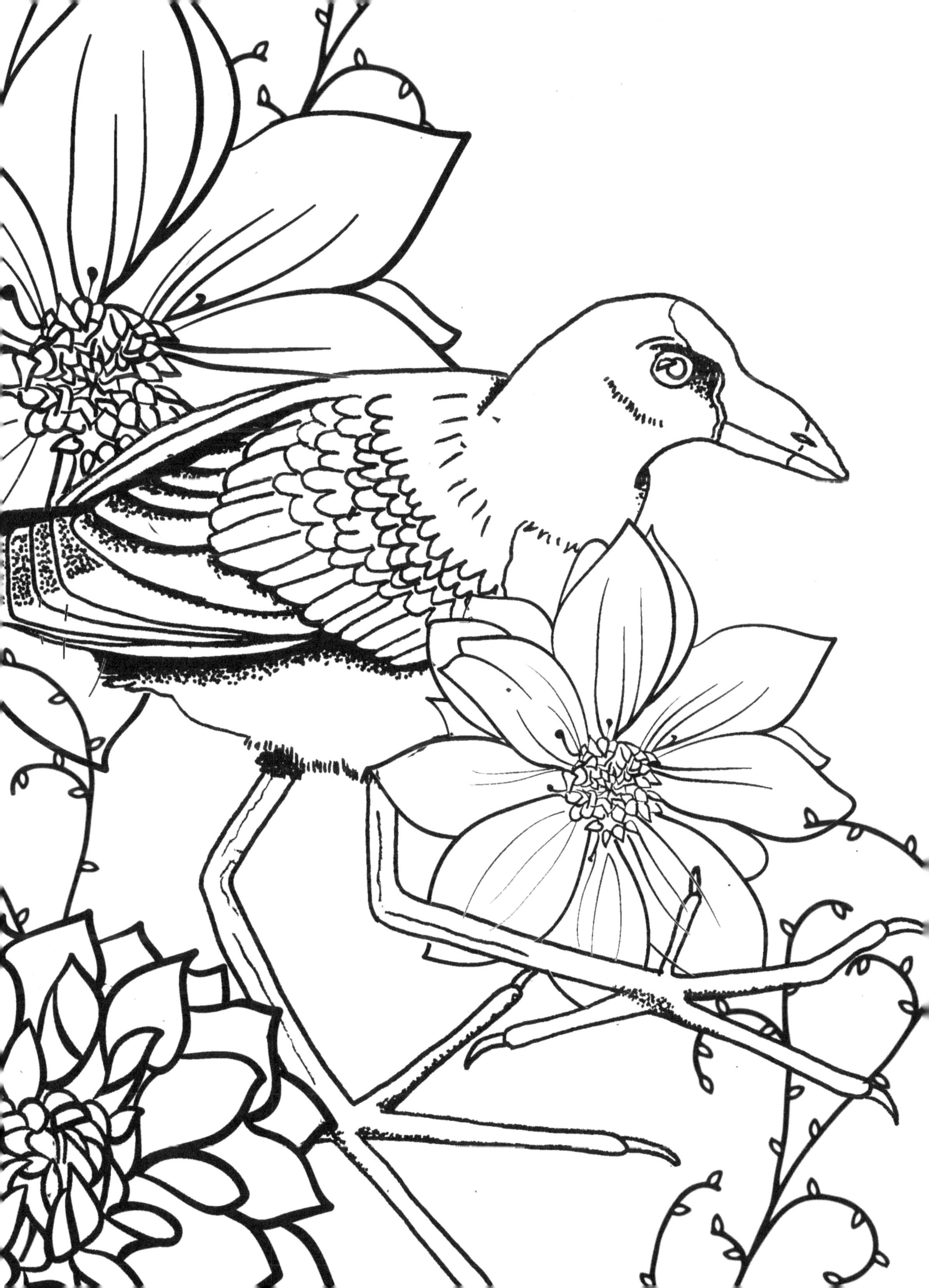

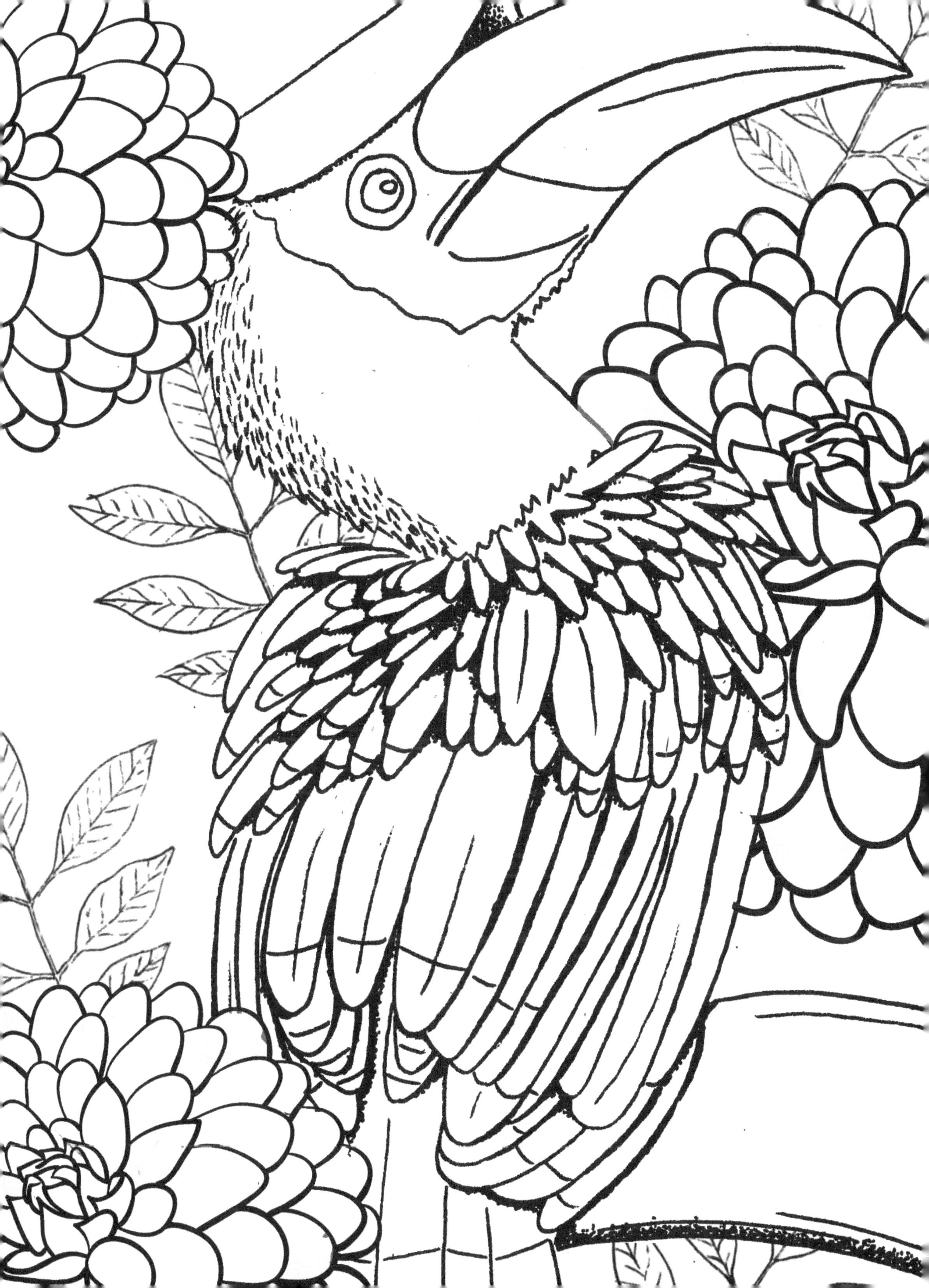

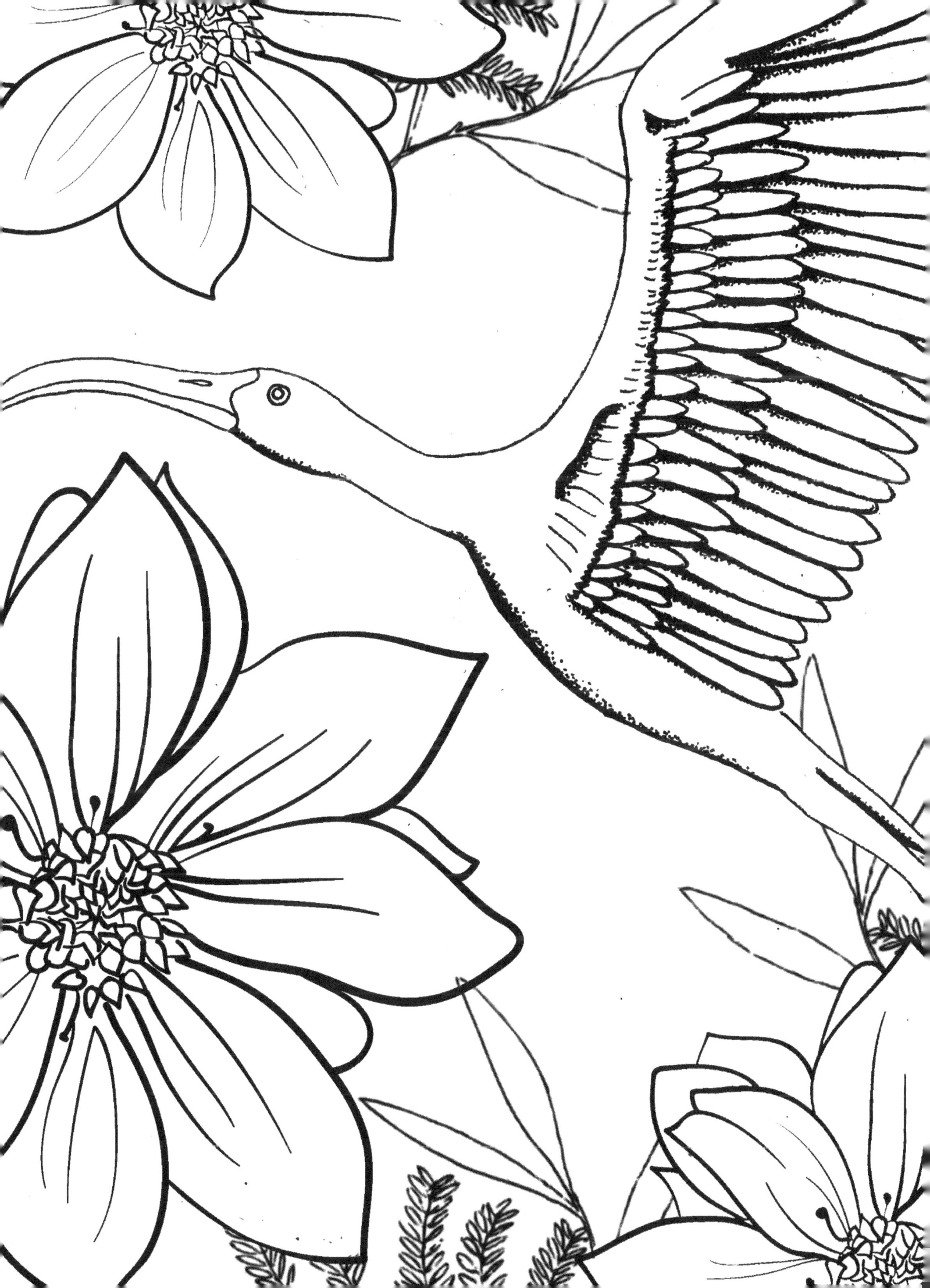

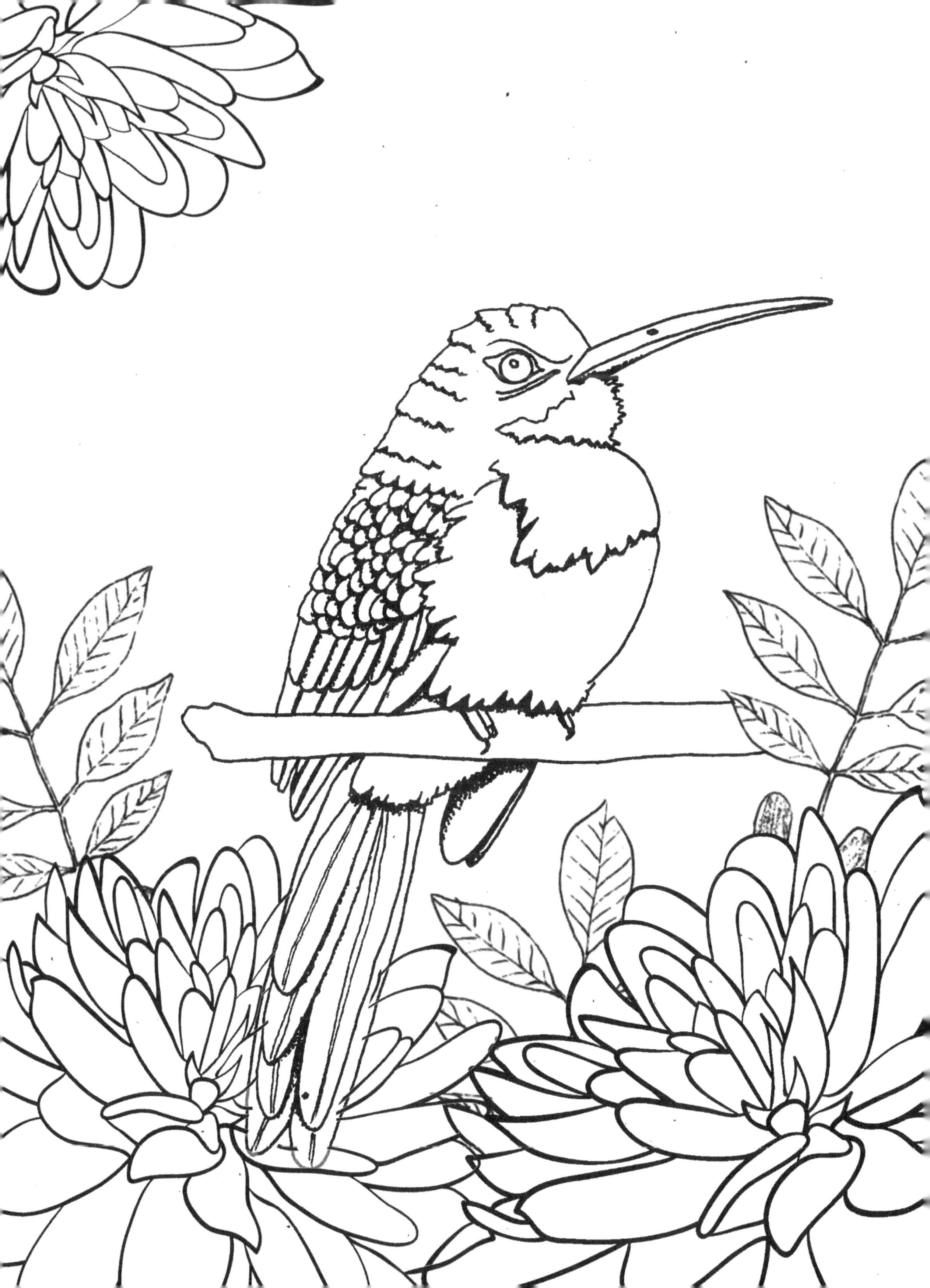

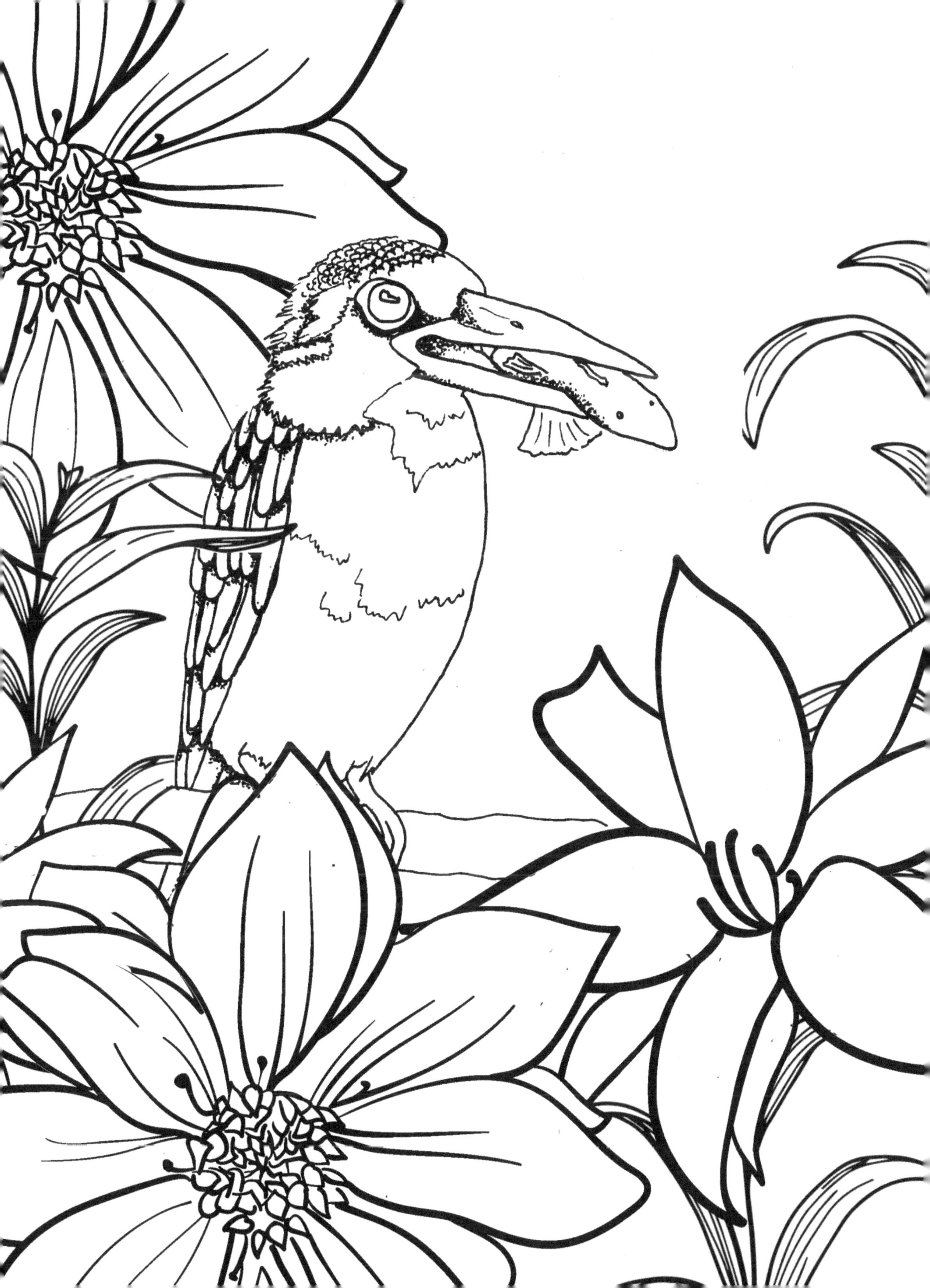

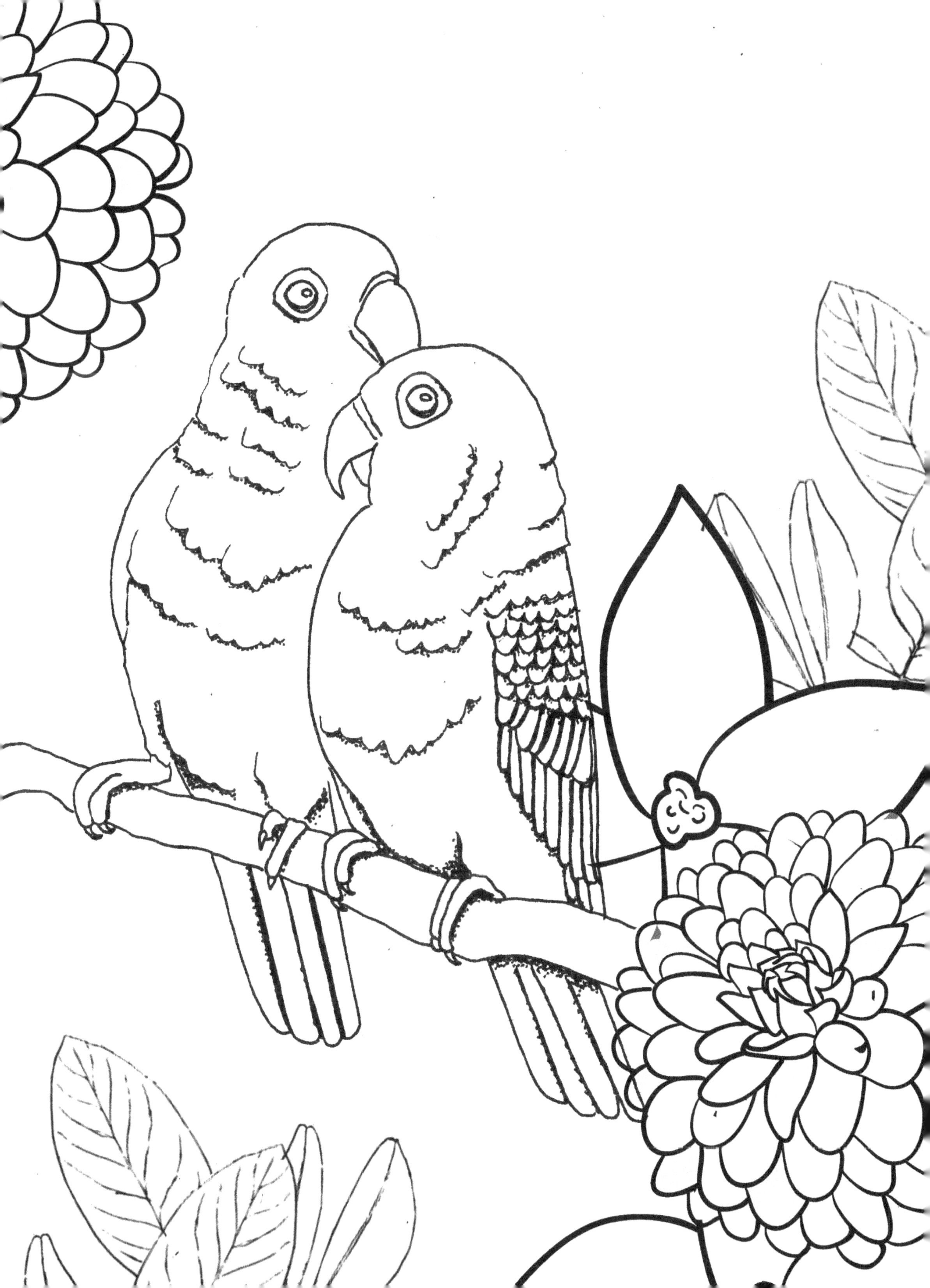

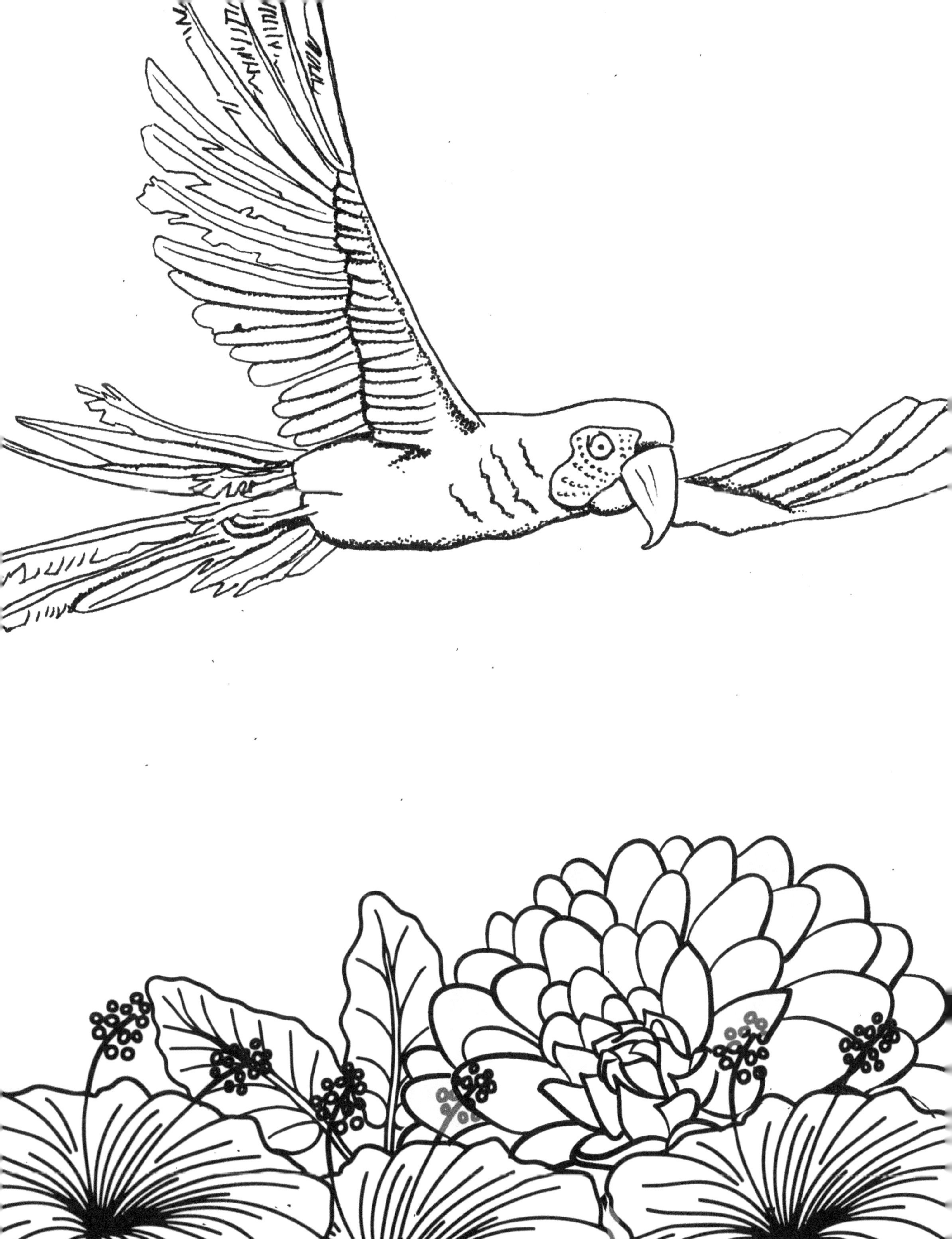

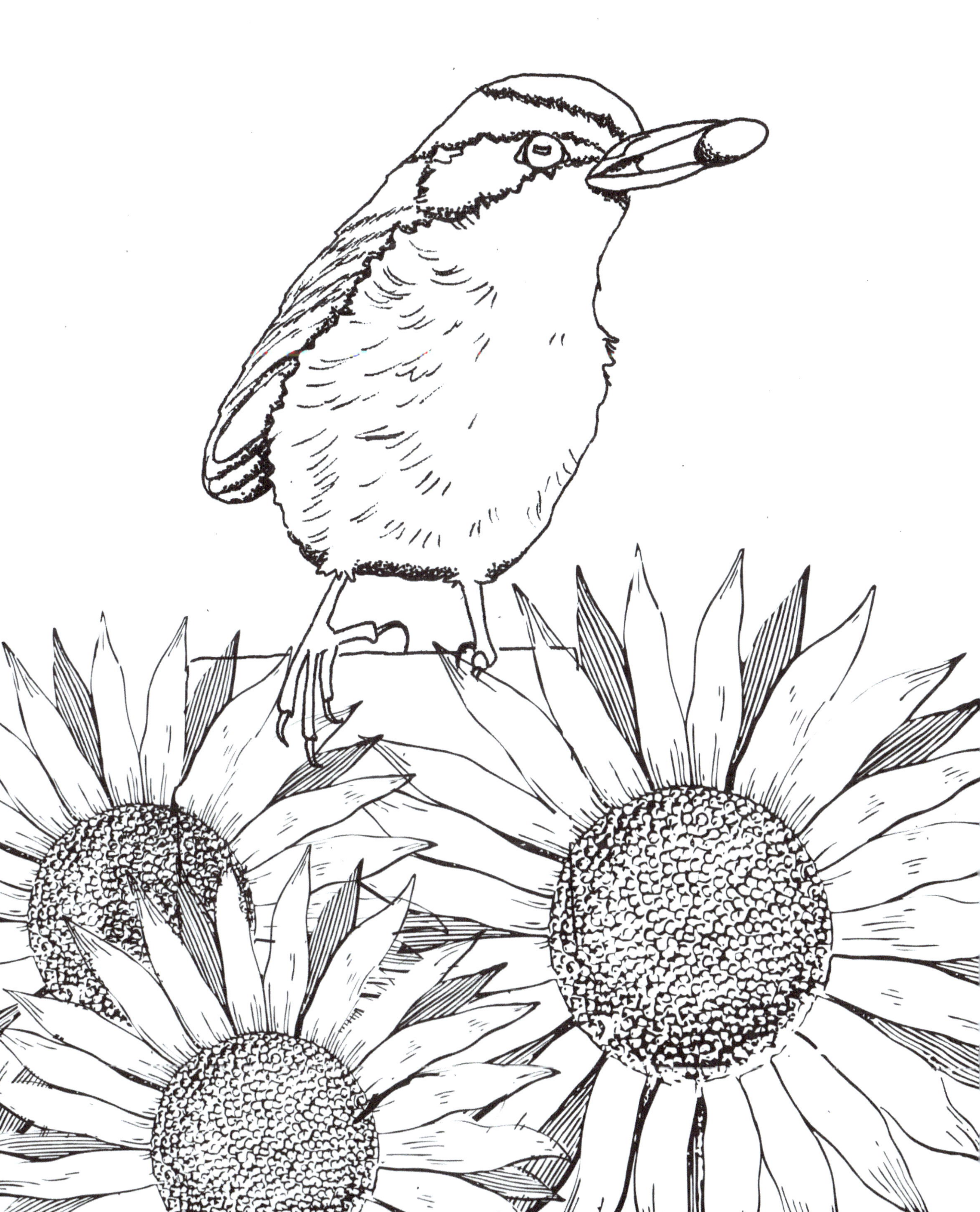

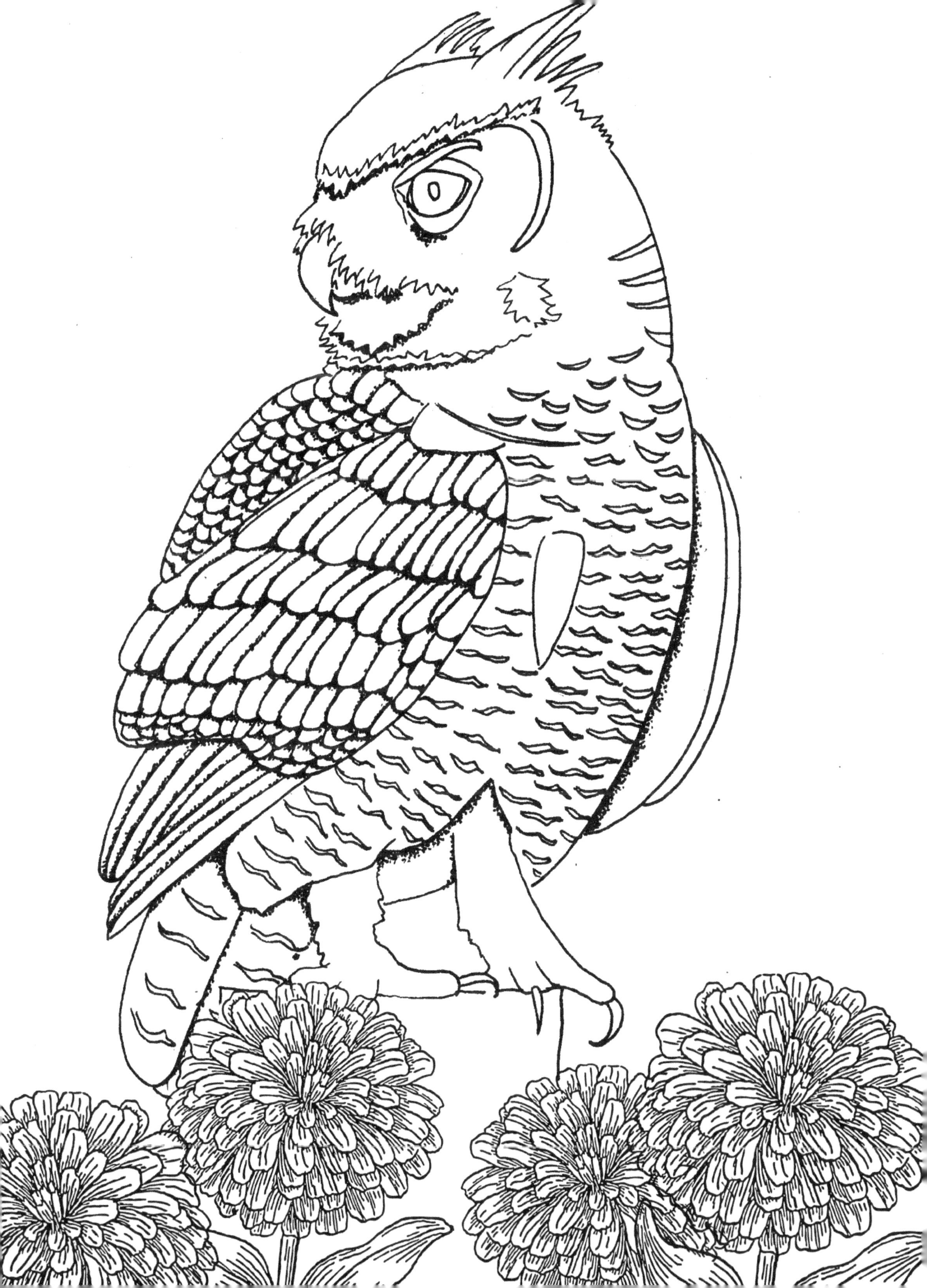

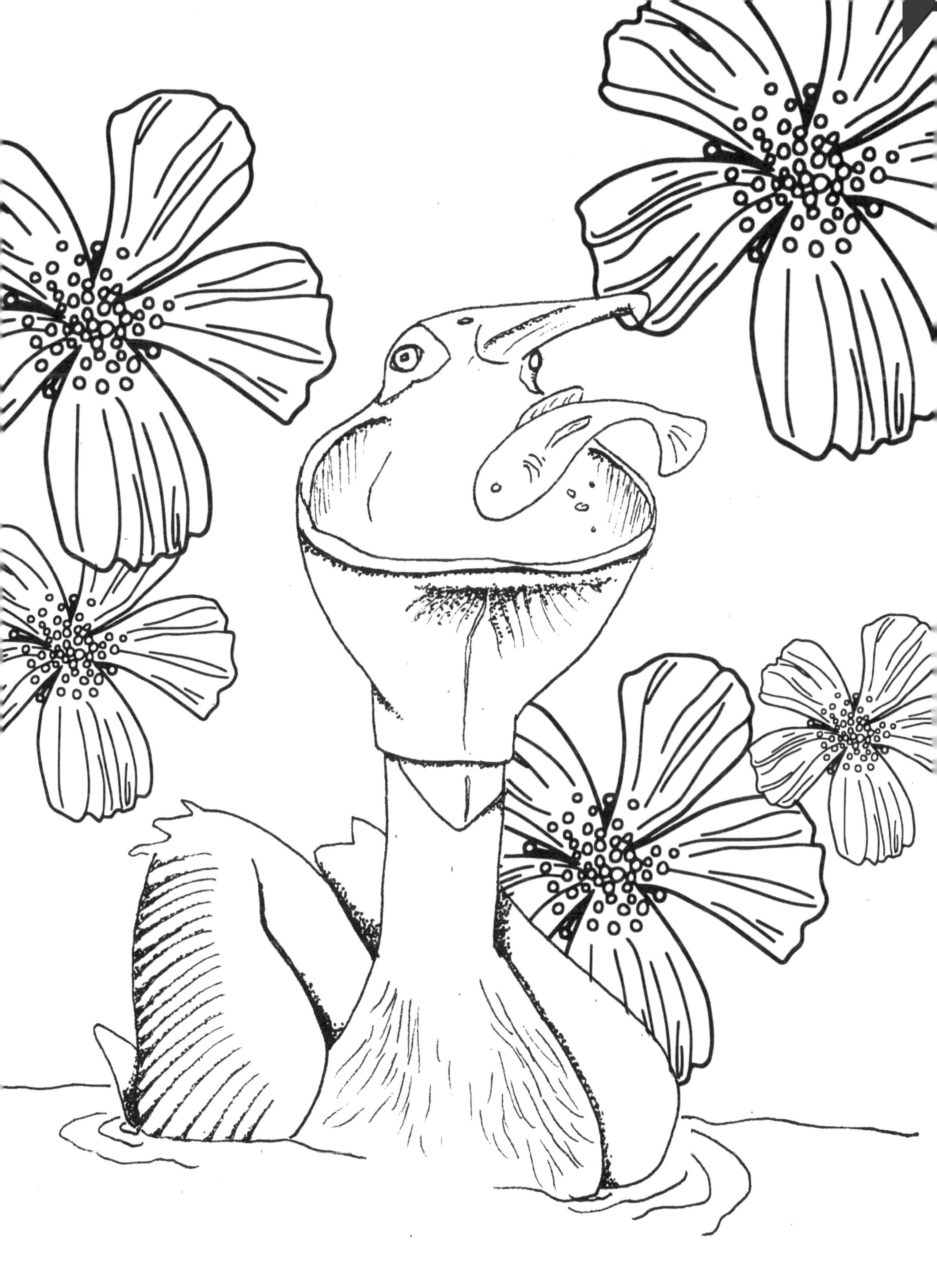

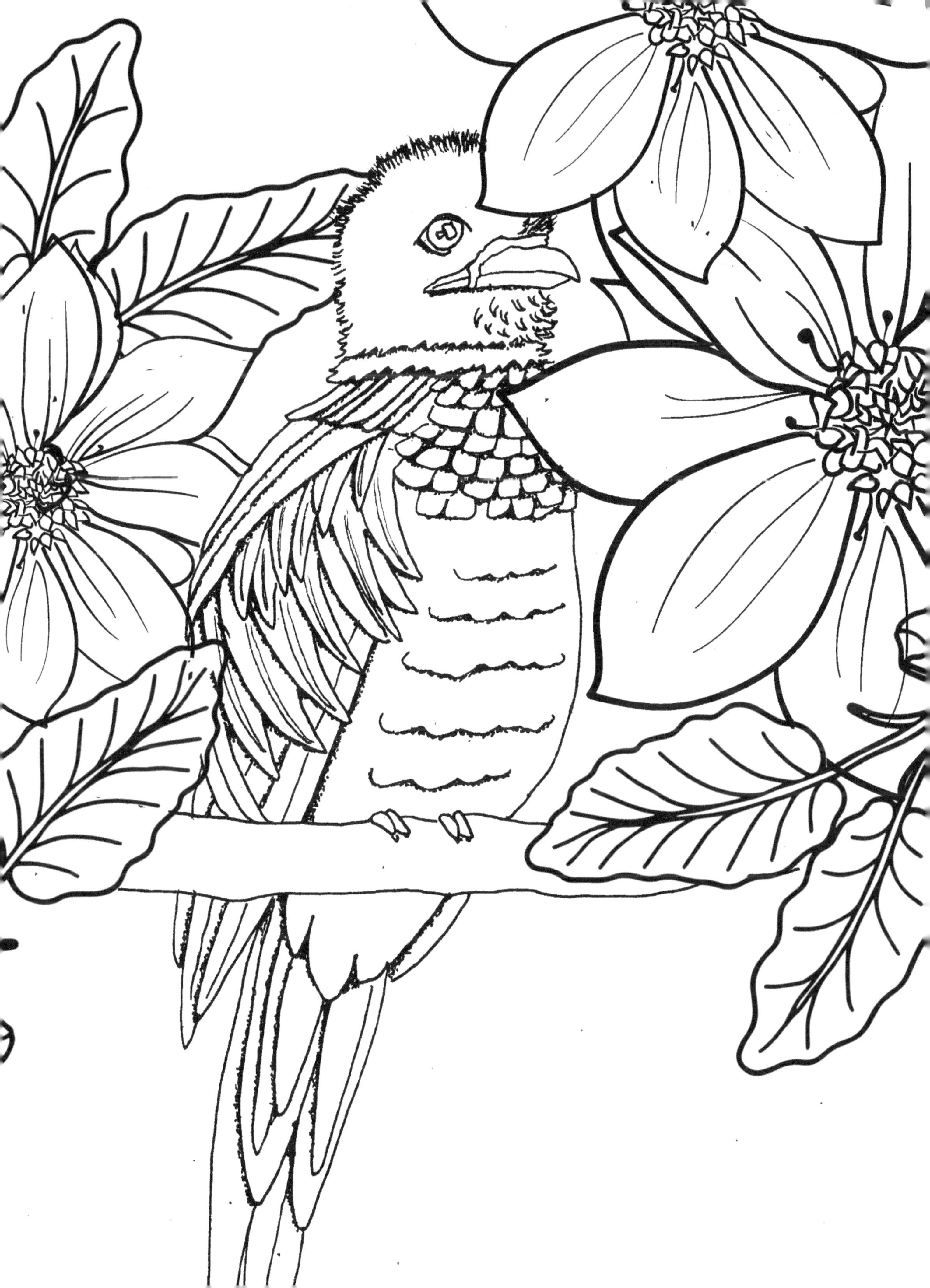

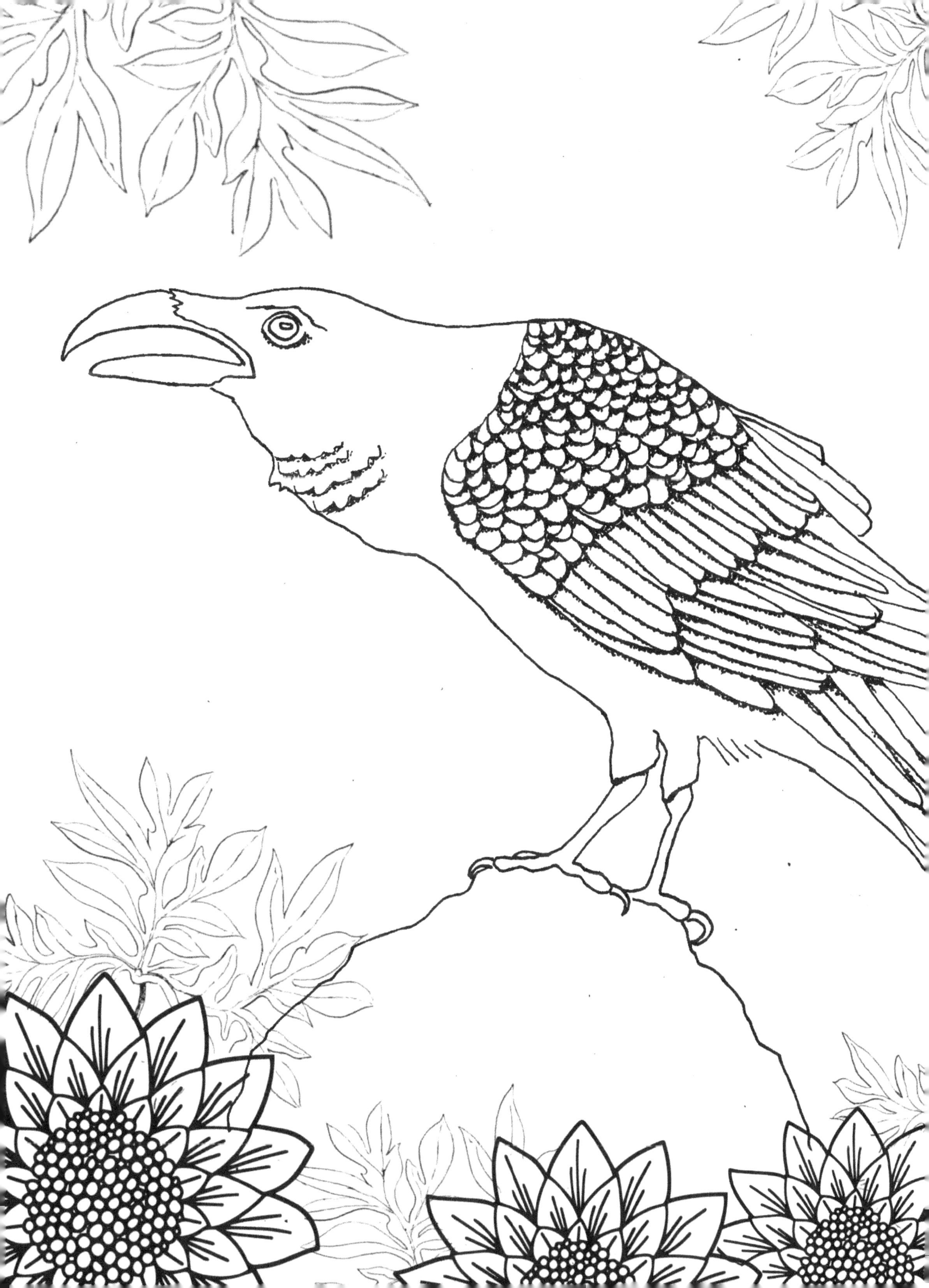

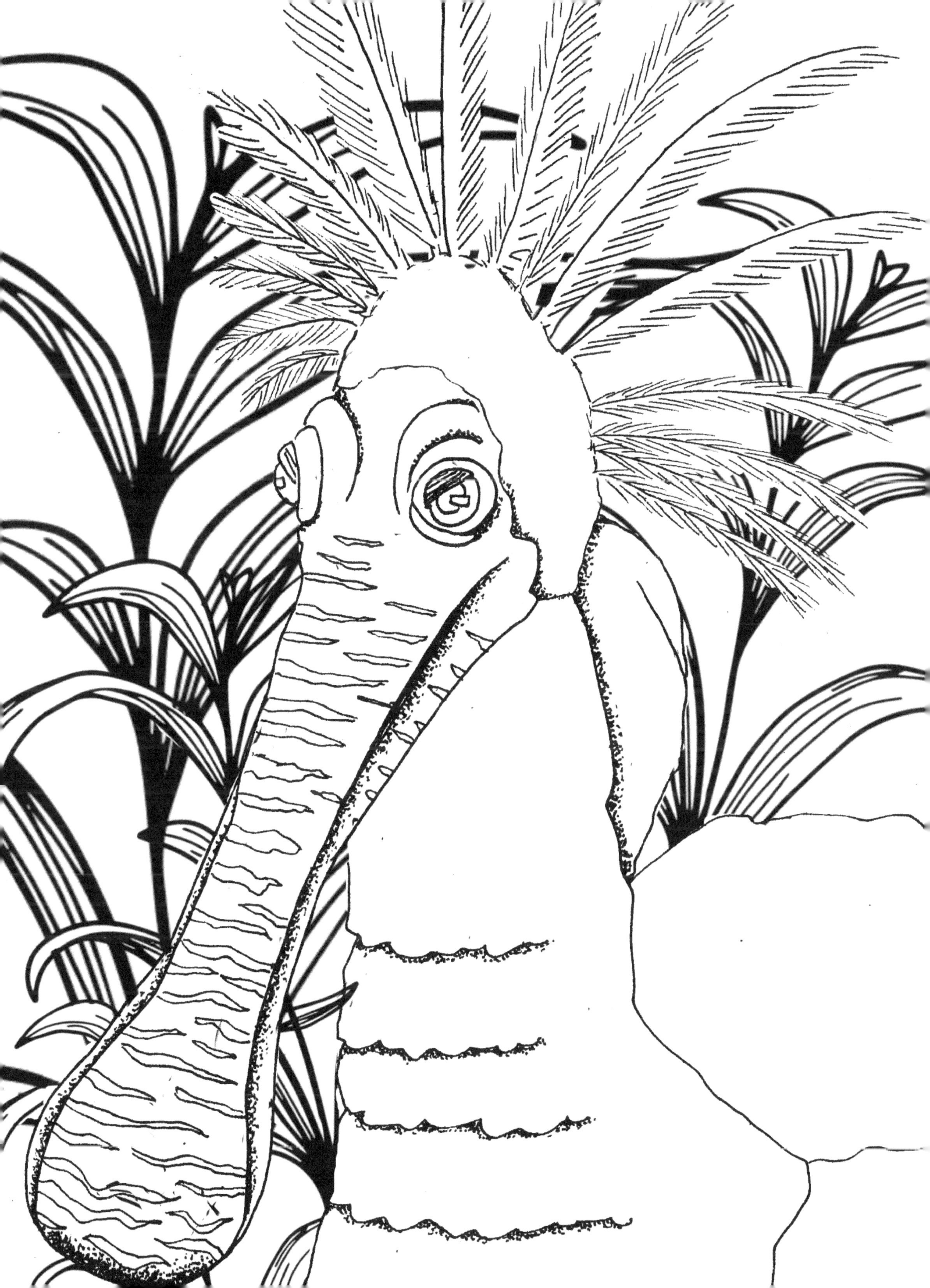

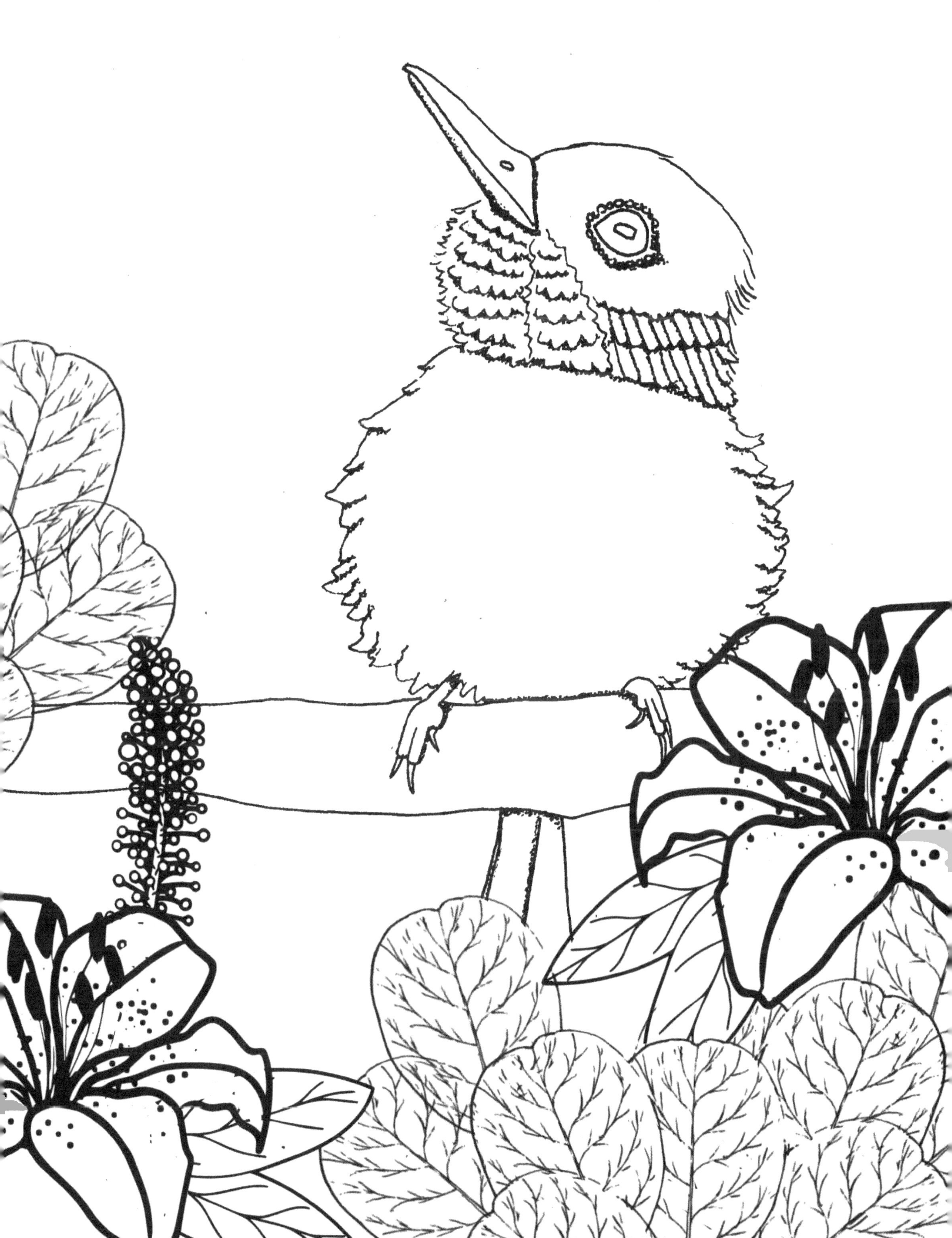

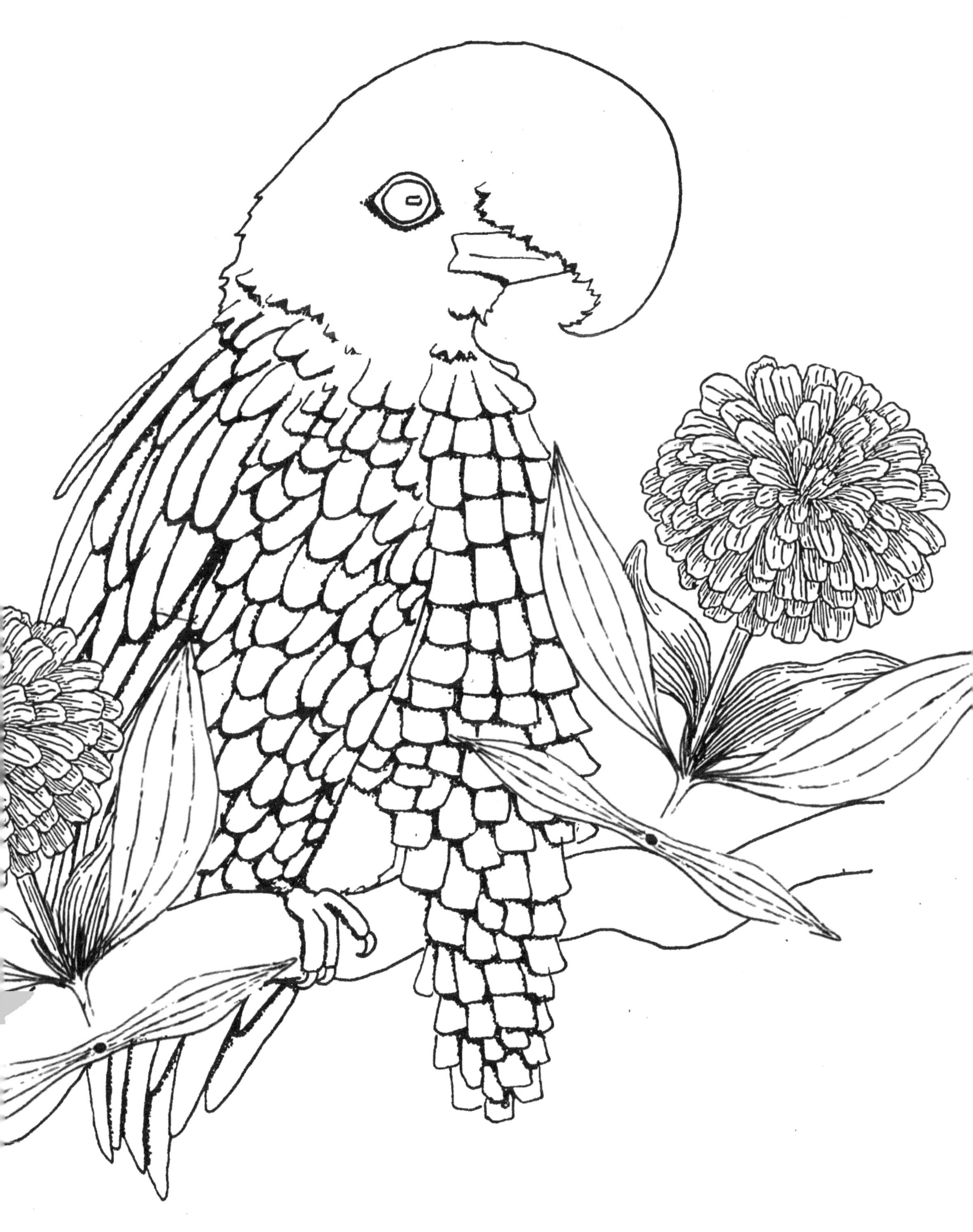

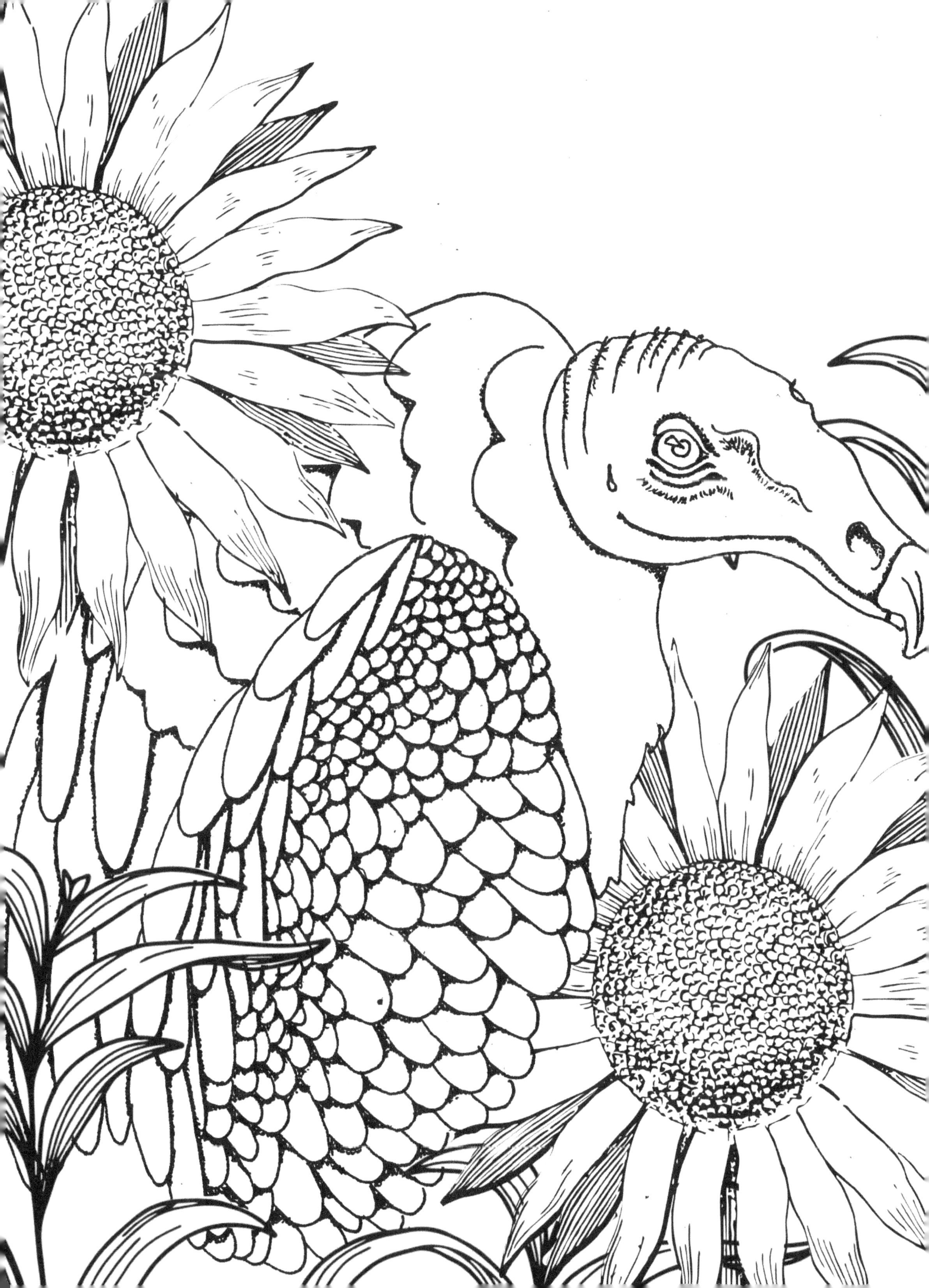

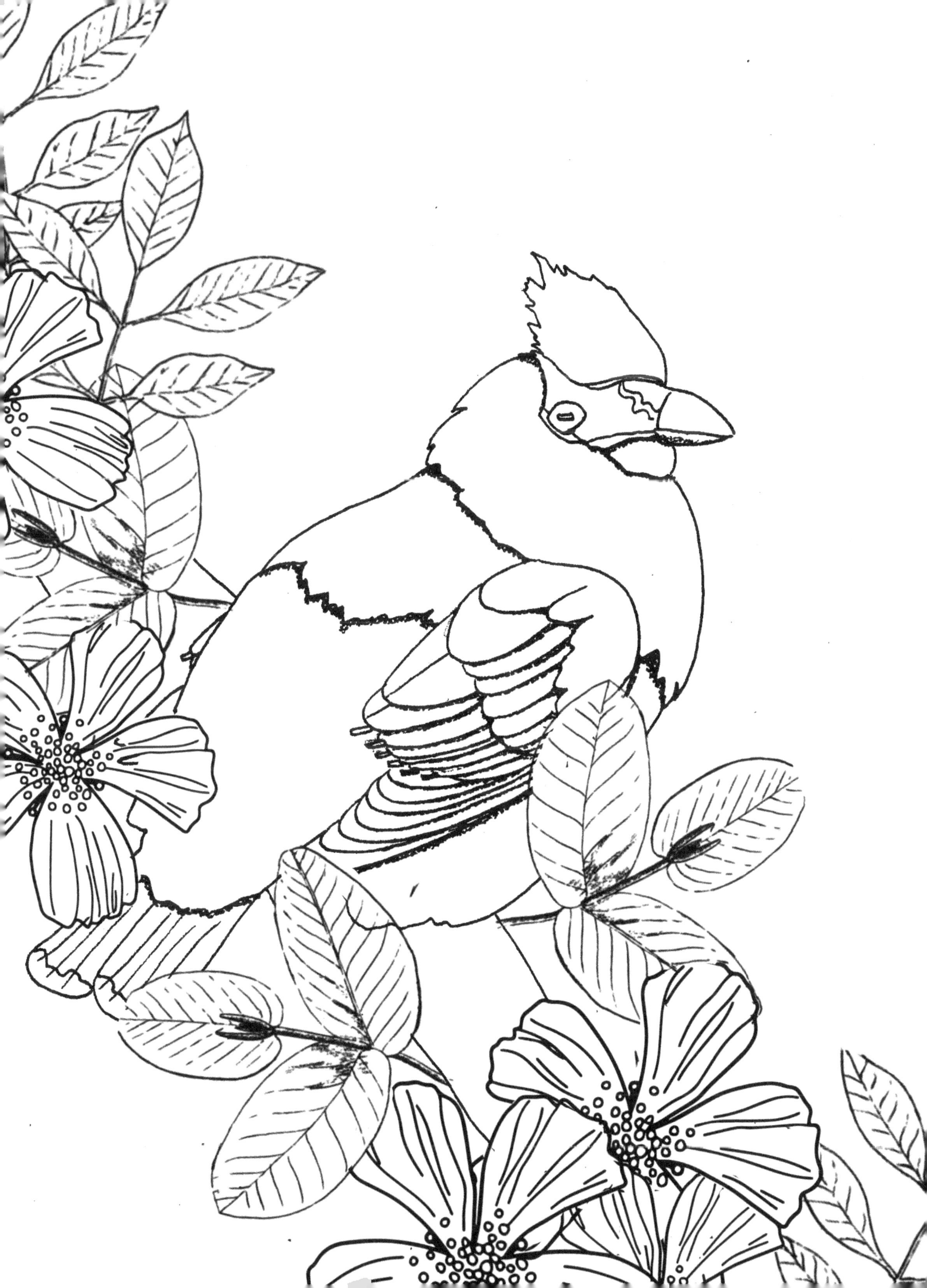

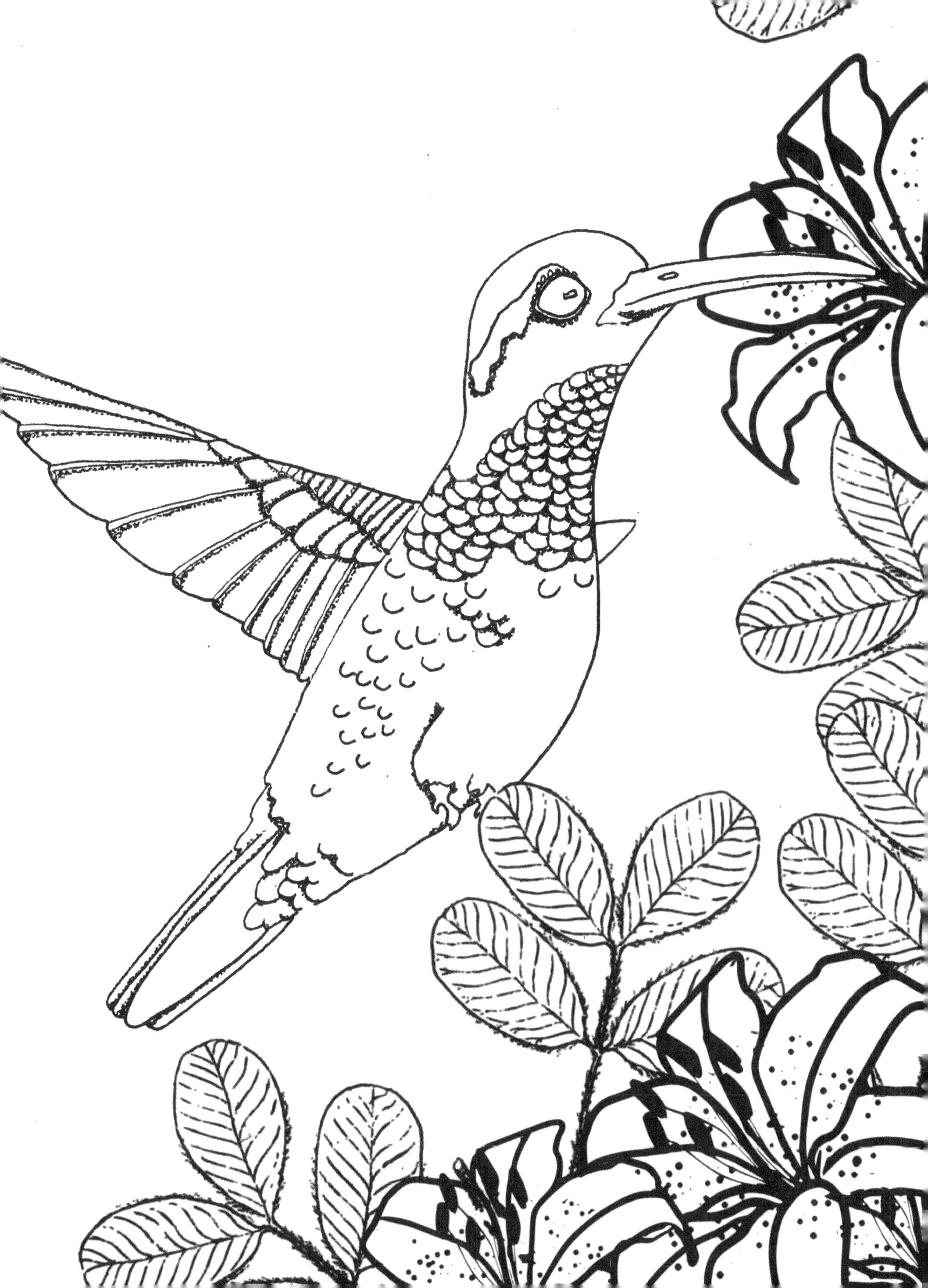

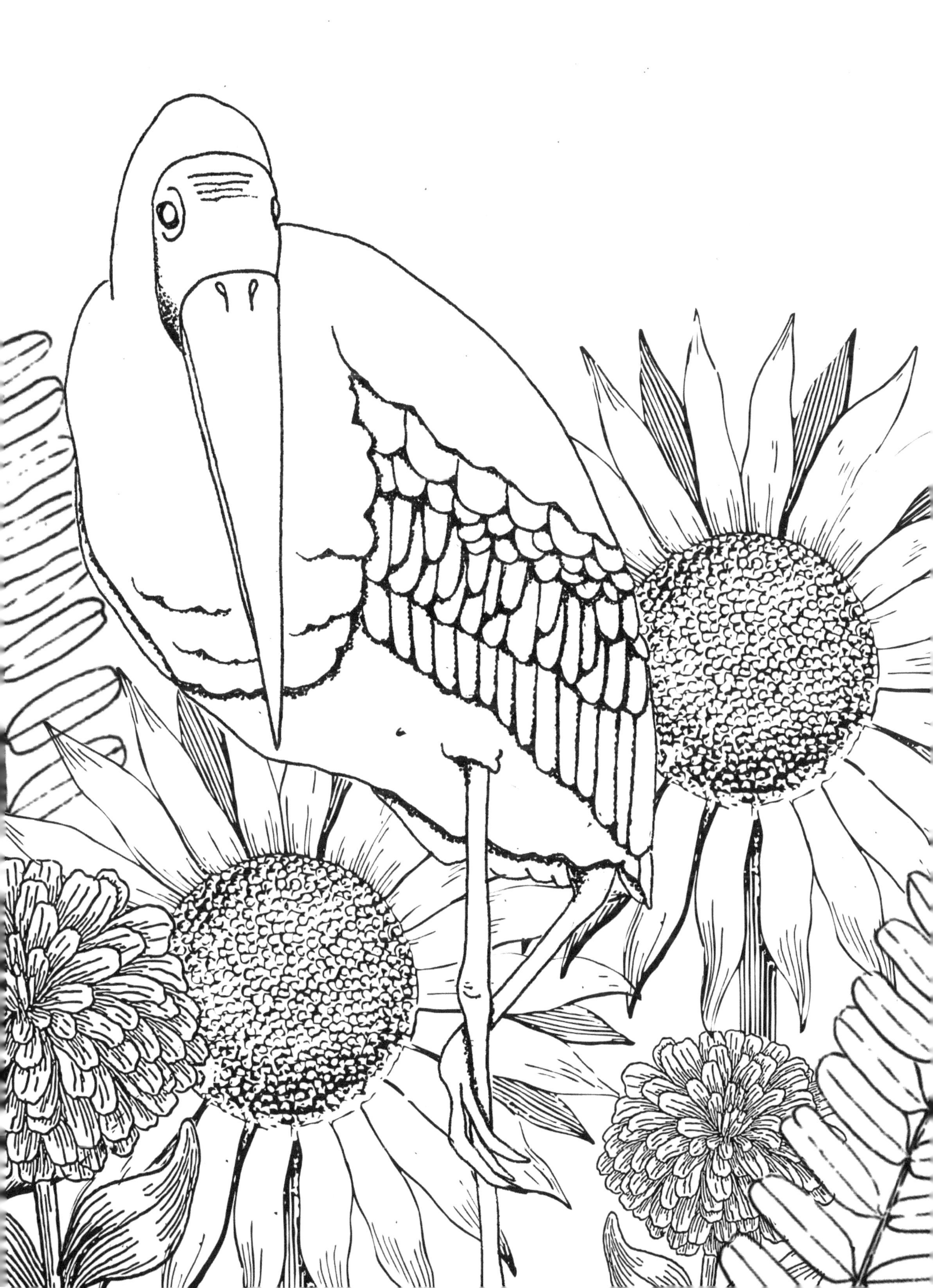

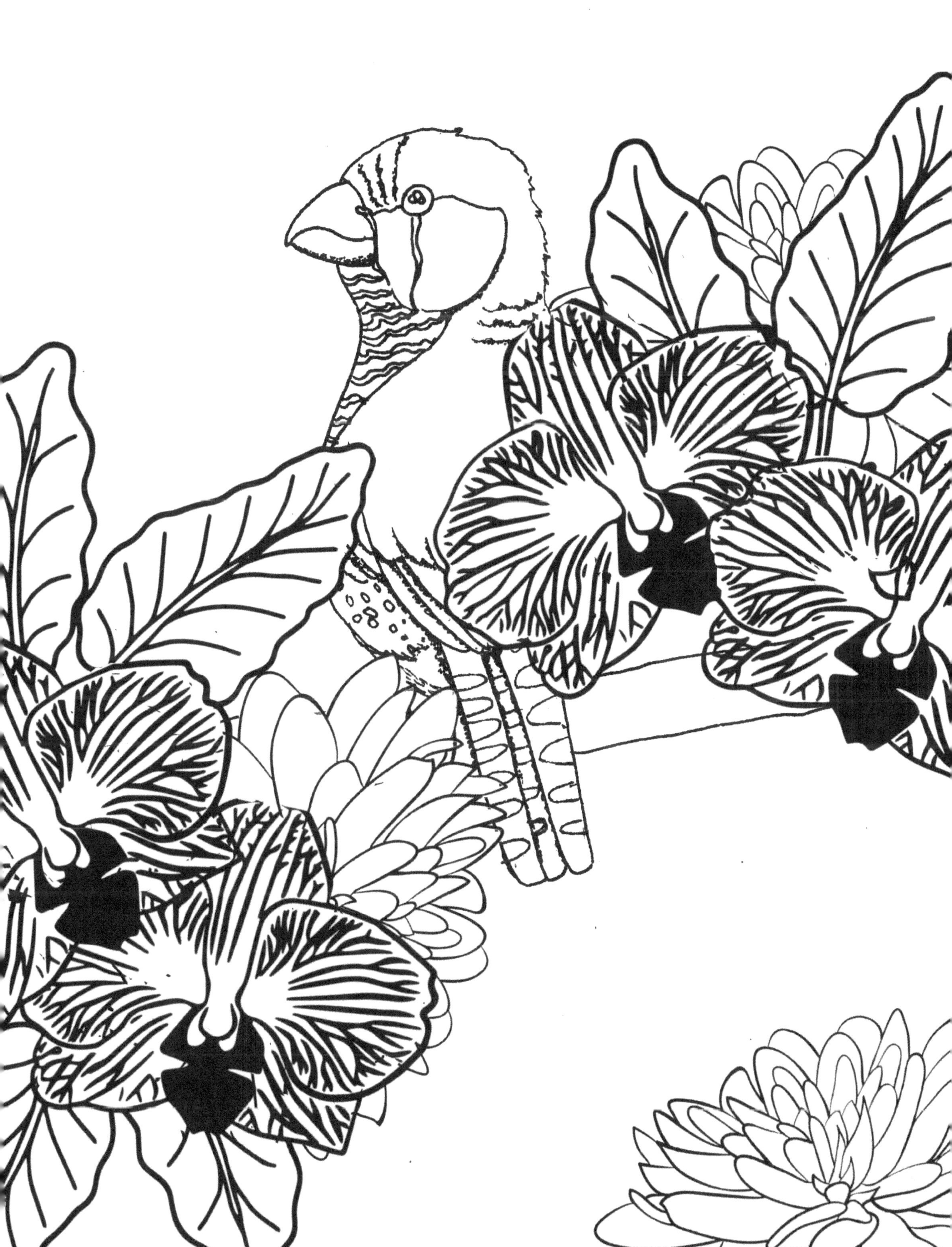